BÉBÉ-ACTRICE

PARODIE

VAUDEVILLE EN UN ACTE

PAR

MM. SIRAUDIN ET CHOLER

Représentée pour la première fois à Paris, sur le théâtre du Palais-Royal,
le 17 mai 1861

Prix : 60 centimes

PARIS

LIBRAIRIE NOUVELLE
Boulevard des Italiens, 15

—

ILLIAT ET Cⁱᵉ, ÉDITEURS

—

1861

BÉBÉ-ACTRICE

PARODIE

VAUDEVILLE EN UN ACTE

PAR

MM. SIRAUDIN et CHOLER

Représentée pour la première fois à Paris, sur le théâtre du Palais-Royal,
le 17 mai 1861.

PARIS

LIBRAIRIE NOUVELLE

15, BOULEVARD DES ITALIENS

A. BOURDILLIAT ET Ce, ÉDITEURS

Représentation, traduction et reproduction réservées

1861

PERSONNAGES.

RIC-A-RIC....................... .... MM. Brasseur.

BARNUM .... L'Héritier.

BRANDEBOURG............................... Lassouche.

BÉBÉ-ACTRICE.............................. Mmes Milla.

LA GROSSE-DUCHESSE VILHELMINE.......... Thierret.

SEIGNEURS ET DAMES DU PALAIS.

La scène se passe dans un duché de l'Allemagne, en 1861.

BÉBÉ-ACTRICE

Le théâtre représente un palais à arcades, avec deux colonnes au fond

SCÈNE PREMIÈRE

LA GROSSE DUCHESSE, VILHELMINE. entrant après avoir sonné plusieurs fois dans la coulisse. Elle tient encore la sonnette à la main.

Eh bien ! personne !... voilà un palais bien mal tenu. (Elle va poser sa sonnette à droite d'où elle est sortie.) Moi ! Vilhelmine XVII, mère de deux Poupernick, dont l'un est gros-duc actuel, et l'autre gros-duc de l'avenir, ce qui fait que je suis grosse-duchesse douairière de Poupernick !... J'en suis réduite à sonner sans qu'on me réponde, pas même mon chambellan... Brandebourg ! (Elle appelle.) Brandebourg ! Brandebourg !

SCÈNE II

VILHELMINE, BRANDEBOURG.

BRANDEBOURG, entrant du fond à gauche.

Voilà ! madame.

VILHELMINE.

Arrivez donc, vous me négligez !... Eh bien ! où sont mes gens ?

BRANDEBOURG.

Ils sont partis... faute de payement !...

VILHELMINE.

Qu'on aille me chercher des boutiquiers !

BRANDEBOURG.

Il n'y en a plus, les magasins sont fermés !...

VILHELMINE.

Apportez-moi des paysans !

BRANDEBOURG.

Ils ont passé dans le gros-duché voisin !...

VILHELMINE.

Que veut dire ceci ?...

BRANDEBOURG.

Cela veut dire, grosse-duchesse, que, vu l'état de gêne où se trouve votre gros-duché de Poupernick, nous n'avons plus !...

VILHELMINE, l'arrêtant.

C'est bien !... Où en sont les finances ?

BRANDEBOURG.

A sec !...

VILHELMINE.

Qu'on double les impôts !...

BRANDEBOURG.

Vous pourriez les tripler !...

VILHELMINE.

C'est une idée !...

BRANDEBOURG.

Seulement je vous ferai observer... qu'il n'y a plus de contribuables...

VILHELMINE.

Allons ! ça va bien ! je suis dans une assez jolie passe !... A propos... comment va mon fils Ric--à-Ric?...

BRANDEBOURG.

Il est triste, ennuyé; il a l'air dégoûté de l'existence.

VILHELMINE.

Et mon fils aîné... le gros-duc...

BRANDEBOURG.

Celui-là ! c'est différent ! c'est l'existence qui a l'air d'être dégoûtée de lui... il n'ira pas loin... il file un vilain coton !

VILHELMINE.

Qu'on ne m'en parle pas, ça me fend le cœur! Ah ! c'est joli ! c'est du propre ! Plus d'argent! plus de ressources ! un fils aîné qui se porte mal... un autre qui broie du noir... Tout me manque, tout me craque...

AIR *de Calpigi.*

Au mauvais œil, je suis en butte,
C'est sans cesse et toujours la lutte.
Au lieu de végéter ainsi!...
Eh bien ! je partirai d'ici !

BRANDEBOURG.

Eh quoi! vous partirez d'ici !

VILHELMINE.

Si l' sort me poursuit sans relâche,
Eh bien! mon gros-duché, je l' lâche!
Ce n' sera pas le premier duché
Dont on aura fait bon marché !

Aussi, mon cher Brandebourg, je vous charge de me trouver une place, un emploi... n'importe lequel... dans une cour !...

BRANDEBOURG.

Comment, une cour...

VILHELMINE.

Dans une cour étrangère... Voyez les annonces à la quatrième page et les petites affiches...

BRANDEBOURG.

J'obéirai! (A part.) Pauvre grosse-duchesse!...

VILHELMINE.

Mais voici mon fils Ric-à-Ric qui s'avance, en bottes molles et en pantalon collant... Épions-le et cachons-nous derrière ce mono-lithe... (Elle se cache derrière une colonne en bronze au fond.)

SCÈNE III

RIC-A-RIC. Il entre du fond à gauche, et s'avance vers le public.

Je le cherche! je le cherche toujours! Mais me direz-vous! que cherches-tu? Mon idéal!... Un instant, j'ai cru l'avoir trouvé! L'année dernière, pour cacher ma débine, je dis à ma mère : Je vais faire semblant d'aller prendre les eaux! et j'irai à Paris... où j'exercerai la profession que vous m'avez apprise... Car il faut vous dire que ma mère, la grosse-duchesse, m'a élevé à la Jean-Jacques, elle m'a mis un état dans les mains... Je suis fumiste, dans mes moments perdus!... J'arrive donc à Paris... pour ramoner ci... ramoner là! la chemina du haut en bas! Un jour que j'exerçais le long d'un tuyau, je tombai dans une grande salle, où beaucoup de gens étaient assemblés! Je vis, au fond, sur une estrade, comme qui dirait un théâtre, une femme! blonde comme les blés, frêle comme un roseau, diaphane comme une bougie! mon rêve! mon idéal! Elle jouait la pantomime! avec une expression... Un instant ses yeux se fixèrent sur les miens, j'en fus ébloui! Je m'écriai : Euréka! On me mit à la porte!... par la fenêtre... J'essayai de rentrer mais en vain... J'essayai de revoir mon apparition... mais je t'en souhaite! ah! pour retrouver cette âme sœur de mon âme! pour un sourire d'elle! pour un mot d'elle! pour quelque chant d'elle! j'aurais donné ce que j'ai de plus cher au monde... mes bottes molles et mon pantalon collant!

AIR de Guido.

> Hélas ! elle a fui comme une ombre,
> Sans me dire qu'ell' reviendrait ;
> Ell' n' m'a pas dit qu'ell' reviendrait.
> Depuis ce temps, ma vie est sombre,
> Partout je cherche mon objet,
> Mais c'est tout comm' si l'on chantait.
> Cette femme, tell' que je m' la suis faite,
> C'est tout c' que de mieux on peut rêver ;
> Or, comme c'est une femm' parfaite,
> V'là pourquoi je ne puis la trouver.
> Hélas ! elle a fui comme une ombre,
> Sans m' dire, hélas ! qu'ell' reviendrait !   (*Bis.*)
> La vie est une chose singulière
> Dont je voudrais bien me débarrasser,
> Car je passe tout's mes journées
> A rechercher mon idéal !...

Maintenant que je vous ai narré mon histoire, à un autre plus fort. (Il sort.)

SCÈNE IV

BRANDEBOURG, VILHELMINE, paraissant.

VILHELMINE.

Eh bien !... vous l'avez entendu !

BRANDEBOURG.

Je le crois un peu fêlé !

VILHELMINE.

Ah ! je n'ai pas de chance ! avec mes deux fils ! mon aîné est atteint d'une maladie de foie, il est foitrinaire !... Et mon cadet, a, comme on dit vulgairement dans les salons de Poupernick, un grelot dans la tirelire !

BRANDEBOURG.

Dans d'autres salons, on dit un hanneton dans la lanterne !...

VILHELMINE.

Oui... oui... c'est juste... on varie! Mais que vois-je là-bas ! une femme qui ratisse les allées de mon jardin avec sa crinoline... et qui fourrage mes rosiers !...

BRANDEBOURG.

Voyons donc! (Regardant.) Attendez, j'y suis ! je sais ce que c'est ! C'est Bébé-Actrice... la grande comédienne !...

VILHELMINE, dignement.

Une cabotine... chez moi... (Changeant de ton.) Je veux aller la voir de près !...

BRANDEBOURG, il retient Vilhelmine par sa robe.

Ne la dérangez pas, madame, elle apprend son rôle !... Car dans le trouble où je suis, je ne vous ai pas dit... que le fameux Barnum était arrivé ce matin dans votre gros-duché, flanqué de Bébé-Actrice... pour organiser des représentations ici !...

VILHELMINE.

Mais, malheureux, il n'y a plus d'argent ni de public dans le gros-duché !

BRANDEBOURG.

Soyez tranquille, je me charge de tout !... Comptez sur moi !... (Il sort.)

VILHELMINE.

Bravo !... (Regardant.) La cabotine vient de ce côté... refourrons-nous derrière l'autre monolithe !... (Elle se cache au fond.)

SCÈNE V

BÉBÉ-ACTRICE, arrive en crinoline avec un burnous

AIR : *Quand on ne dort pas de la nuit.*

Où donc est-il ? l'avez-vous vu ?
Hélas ! qui pourrait me le rendre ?
Quelqu'un, ici, l'a-t-il connu ?
Serait-il ou non reconnu,
Est-il à louer, est-il à vendre ?
Dans tous les coins, dans tous les trous,
En vain, je poussais ma recherche.
Mais, dira-t-on, que cherchez-vous ?
C'est mon i... (*ter*) déal que je cherche.

Un instant j'ai cru l'avoir trouvé, cet être fantastique, ce cauche-
mar... J'étais à cette époque attachée au petit Lazari... et le soir,
après le spectacle, quand je jouais mon bézigue au café Achille...
je me trompais toujours... je faisais mal-donne... ce qui fait qu'on
m'avait surnommée la Maldonne du boulevard... Un jour... que je
donnais une représentation aux Quinze-Vingt... je jouais dans une
pantomime : ça paraissait leur faire plaisir... ils m'applaudissaient
les yeux fermés... Tout à coup, je vis au fond de la salle deux prunelles qui dardaient sur moi leurs effluves magnétiques. Malgré moi,
ces deux prunelles me fascinèrent !... C'était mon idéal !... Je
l'avais trouvé ! Je tendis les bras ! Mais, hélas !... parti... envolé...
décampé ! et depuis ce temps, je pleure, je me désespère, car hélas !

AIR : *Du haut en bas.*

Je l'ai perdu,
Ce bien, ce rêve que je couve,
Je l'ai perdu.
Mon cœur en est tout éperdu.
On n' saura jamais c' que j'éprouve.
Faut-il que jamais je n' retrouve
C' que j'ai perdu ?

Ah ! mon idéal, mon i... Tiens, du monde, posons-nous un peu !..
(Vilhelmine entre.)

SCÈNE VI

BÉBÉ-ACTRICE, puis BARNUM.

VILHELMINE. Bébé lui fait un grand salut.

Eh ! eh ! la belle enfant !... vous partez ?...

BÉBÉ.

Oui... madame !...

VILHELMINE.

Et pourquoi ?..,

BÉBÉ.

Parce que !...

VILHELMINE.

Parce que quoi ?...

BARNUM, arrivant vivement.

Ah ! j'arrive à temps ! (s'interposant.) **Pardon,** pardon, on ne parle pas ainsi à mon actrice !

VILHELMINE.

Mais !...

BARNUM.

Qui êtes vous ?...

VILHELMINE.

Je suis la grosse-duchesse !...

BARNUM.

En êtes vous bien sûre ?...

VILHELMINE.

Qu'est-ce que cela signifie ? ·

BARNUM.

Cela signifie... que ça ne serait pas la première fois qu'on prendrait un costume féminin pour tenter de séduire ma pensionnaire !

VILHELMINE.

J'ai donc l'air d'un homme déguisé ?

BARNUM.

Ma foi !...

VILHELMINE.

Impertinent ! (Elle lui donne un soufflet.)

BARNUM, à part.

C'en est un... (Haut.) Mais n'ai-je pas raison de veiller de près ? Voyez, depuis hier que nous sommes dans ce gros-duché, ce que Bébé-Actrice a reçu de déclarations ! Et, tenez, dans son capuchon !... (Il en retire plusieurs lettres.)

VILHELMINE.

Mazette !...

BÉBÉ.

Oh ! lisons-les !...

VILHELMINE.

Oh ! oui, ça me rappellera ma jeunesse croustilleuse !...

BARNUM.

Soyez convenable !... devant une princesse de la rampe ! Je vais lire ! (Il décachète une lettre et lit.) « Quand tu voudras, Bébé, j'acheterai des papillottes chez un de mes amis, confiseur, rue de la Paix ! et je les envelopperai !... avec des billets de banque !... »

VILHELMINE.

Ça, m'irait !

BÉBÉ.

Où demeure ce gandin ?

BARNUM.

Vous ne le saurez pas ! (Il avale la lettre.)

VILHELMINE.

Que faites-vous !...

BARNUM.

Par précaution, règle générale, quand on lui envoie un poulet, je l'avale ! Pour qu'il n'en reste plus de traces ! Je me nourris de poulets !... A un autre. (Il lit.) « Mon Petit Lapin bleu ! »

BÉBÉ.

Oh ! voyons !...

VILHEMINE.

J'aimerais être appelée mon Petit Lapin bleu !

BARNUM.

Hein !... (Il lit.) « Si tu veux goûter de ma cuisine, j'ai de l'Aubryet frappé... des écrevisses bordelaises, et des truffes sous la serviette !... »

BÉBÉ.

Oh ! que j'aime ça !...

BARNUM, il avale la lettre.

Vous n'irez pas... je le flanque à la porte !

VILHELMINE.

Encore ! mais, ce n'est pas un homme ! c'est une boîte aux lettres !...

BÉBÉ.

Continuons !...

BARNUM.

Suspendons ces lectures dangereuses. Et si, comme vous me l'assurez, vous faites partie du beau sexe, à qui je dois mon père et

ma mère ! je vous laisse sans crainte auprès de Bébé-Actrice !...
(Il salue la duchesse et se dit à part.) C'est égal, je prendrai des in-
formations ; elle m'a donné une giffle qui ne me rassure pas ?...

ENSEMBLE.

AIR :

BARNUM.	VILHELMINE.
Je vous quitte	Partez vite,
Et vais vite	Allez vite,
Demander à l'état civil.	Pendant votre court exil,
La duchesse,	La duchesse,
La princesse,	Bonne princesse,
Dites-moi, de quel sexe est-il ?	Jugera de son babil !

BÉBÉ.

Partez vite,
Allez vite,
Pendant votre court exil,
La duchesse,
Bonne princesse,
Jugera de mon babil.

(Barnum sort.)

SCÈNE VII

BÉBÉ, VILHELMINE.

VILHELMINE.

A présent que nous sommes seules, racontez-moi... votre histoire !...

BÉBÉ, à part.

Continuons la pose ! (Haut.) Oh ! elle est bien simple ! madame,
j'aime l'art ! l'art ! est un sacerdoce, ô l'art, la sainteté de l'art ! la
majesté de l'art ! l'art ! l'art !...

VILHELMINE.

Ce sont des rengaînes, ça, des phrases toutes faites dont mon portier ne veut plus !... Racontez-moi autre chose !...

BÉBÉ.

Voilà tout, madame !...

VILHELMINE.

Allons donc ! vous me ferez croire !... quand vous jouez si bien, comme on le dit, les scènes de passion, que votre petit cœur n'a jamais fait tic-tac !...

BÉBÉ

Madame, le cœur n'est pas un moulin, savez-vous ?

VILHELMINE.

Ainsi ! vous êtes sage !...

BÉBÉ.

Comme une image !...

VILHELMINE.

Vous ne savez pas ce que c'est que l'amour !

BÉBÉ.

Faites excuse, madame la grosse-duchesse, l'amour, c'est un petit dieu, en maillot chair, un bandeau sur les yeux, ayant des flèches et un carquois et se tenant comme ça !... (Elle imite la pose de l'amour.)

VILHELMINE.

Touchante naïveté ! Il faut que je vous récompense

BÉBÉ.

Moi !...

VILHELMINE.

Je vais vous décorer de mon ordre ! (A part.) Cinquante florins de diplôme ! Cric !... (Haut). L'ordre de la patte d'oie !

BÉBÉ, à part.

Cinquante florins ! Connu. Crac ! (haut.) La patte d'oie ! gardez-
la pour vous ! Madame, je l'accepterai plus tard !...

VILHELMINE.

Noble désintéressement !... Elle me va, cette petite. Je veux en
faire ma compagne !... Tu monteras dans ma tartane, nous irons
ensemble au bois ! Nous ne nous quitterons plus, tu me diras des
scènes de tragédie !... Oh ! mon Dieu !... que je vais donc m'a-
muser !...

BÉBÉ.

Madame est bien bonne !...

VILHELMINE.

Ah ! à propos, je te ferai faire connaissance de mon fils !...

BÉBÉ.

Ah ! vous avez un fils !...

VILHELMINE.

J'en ai deux !...

BÉBÉ.

Heureuse mère !...

VILHELMINE.

Ah ! oui. Parlons-en !... mais l'aîné qui est égrotant, file un mauvais coton ! Il reste toujours à la cantonade ! Quant à l'autre, Ric-
à-Ric ! vous allez le voir !... Ah ! c'est lui !... avec Brandebourg,
mon chambellan intime !...

SCÈNE VIII

Les Mêmes, BRANDEBOURG, RIC-A-RIC et BARNUM.

BRANDEBOURG, présentant Ric-à-Ric.

Le prince Ric-à-Ric !

RIC-A-RIC, entrant.

Ma mère !... (Il lui baise la main.)

BARNUM, entrant à droite, à Bébé.

J'ai eu des détails... Il paraît que c'est bien la grosse-duchesse !

VILHELMINE.

Ric-à-Ric, permettez-moi de vous présenter une actrice célèbre !

RIC-A-RIC, à part.

Eh ! que m'importe !...

VILHELMINE, à Bébé.

Petite... c'est mon fils !...

BÉBÉ.

Ça m'est bien égal. (Elle se retourne.) Cie.....

RIC-A-RIC.

Dieu !...

BÉBÉ.

Lui !...

RIC-A-RIC.

Elle ?

BÉBÉ.

Mon idéal !...

RIC-A-RIC.

Mon idéal !...

BÉBÉ.

Qu'il est beau !...

RIC-A-RIC.

Qu'elle est belle !...

VILHELMINE.

Mes enfants... je vous laisse. Vous comprenez, mes nombreux
sujets me réclament ! le char de l'État ! le timon des affaires... (A Bébé.)
Égayez-le ! je vous y autorise ! (A Ric-à-Ric.) Sois aimable ! je te le
permets ! adieu !... (Elle sort par le fond.)

BÉBÉ.

Grand Dieu !... Barnum !

BARNUM.

Plait-il?...

BÉBÉ.

Emmenez-moi !...

BARNUM.

Pourquoi ça ?

BÉBÉ.

Je sens que j'aime cet homme ! je ne veux pas rester seule avec
lui !...

RIC-A-RIC, à Brandebourg.

Brandebourg, ménage-moi une sortie !.. J'adore cette créature !

BRANDEBOURG.

Quel moyen !

RIC-A-RIC.

Diable ! ah !...

BARNUM.

Que va-t-il faire ?...

BÉBÉ.

Que va-t-il faire ?...

BRANDEBOURG.

J'ai mon plan !

BÉBÉ.

Que veut dire !...

BARNUM

Caché près de ces lieux, j'entendrai tout, madame, et si votre passion va trop loin, je tirerai la ficelle !...

BÉBÉ.

Bravo !...

BRANDEBOURG, à Ric-à-Ric.

A l'aide de cette attache, si je vois que vous vous émancipez trop... crac !...

RIC-A–RIC.

Très-bien !

ENSEMBLE.

AIR :

RIC-A-RIC et BÉBÉ.	BARNUM et BRANDEBOURG.
Enfin, grâce à son zèle,	Enfin, grâce à mon zèle,
Le tout est arrangé ;	Je puis tout arranger ;
En tirant la ficelle,	En tirant la ficelle,
Il me tire, tire d'un danger.	Je le tire, tire d'un danger.

(Barnum et Brandebourg sortent tous deux, l'un à droite, l'autre à gauche. Ils tiennent chacun une ficelle attachée, la première au bras de Bébé, la seconde au pied de Ric-à-Ric.)

SCÈNE IX

BÉBÉ, RIC-A-RIC.

BÉBÉ.

Prince, excusez-moi!...

RIC-A-RIC, à part.

Oh! elle a un accent! (Haut.) Comment donc?

BÉBÉ.

C'est vous que j'ai vu l'année dernière. Vous sortiez d'une che‑
miuée!

RIC-A-RIC.

Vous m'avez reconnu!

BÉBÉ.

Si je l'ai reconnu! il me demande si je l'ai reconnu! mais je vous
aurais reconnu entre mille! d'abord, les autres étaient aveugles! et
vous y voyez! avec des yeux!... Oh! quels yeux! vous aviez ce jour‑
là!...

RIC-A-RIC.

Mais je les ai encore!...

BÉBÉ.

Pour mon malheur!... Approchez!... (Ric-à-Ric veut s'approcher,
mais la ficelle le retient.)

RIC-A-RIC.

Je n'ose!... mais donnez-moi votre rose?...

BÉBÉ.

Voilà!... (Elle va pour la lui donner, mais la ficelle la retient.)

RIC-A-RIC, à part.

Oh! je sens que je vais faiblir! (Haut.) Bébé.

BÉBÉ.

Prince !...

RIC-A-RIC, à part.

Il n'était que temps !...

BÉBÉ, à part.

Si je continue ainsi, mon cœur ne sera plus maître de moi. Allons, allons !

RIC-A-RIC.

Je n'y tiens plus.

BÉBÉ, changeant de ton.

Dites donc, mon petit, n'allez pas croire au moins que j'ai une tocade pour vous !

RIC-A-RIC.

Je l'espère bien !... car, moi, de mon côté, je n'ai pas laissé l'amour mettre un pied ..dans mon... oh !... cœur ! (Un coup de ficelle; à part.) Que je souffre. C'est égal !... abîmons-nous, éreintons-nous, échinons-nous !...

BÉBÉ, à part.

Montrons-nous sous un jour désavantageux.

RIC-A-RIC.

Pour la question de sentiment, je dois vous dire que je suis une bien mauvaise affaire !

BÉBÉ.

Et moi donc; je vous le dis entre nous, je suis un phénomène ! à la place du cœur, j'ai un porte-monnaie !

DUO.

AIR *de Mangeant.*

PREMIER COUPLET.

BÉBÉ.

J'ai des défauts à r'muer à la pelle.

RIC-A-RIC.

Et moi, j'en ai par-dessus les maisons.

BÉBÉ.

Allez, je suis un' drôl' de péronnelle.

RIC-A-RIC.

Ah! redoutez avec moi les liaisons.

BÉBÉ.

J'ai du penchant, je vous le dis sans feinte,
Pour un souper aux Frères-Provençaux.

RIC-A-RIC.

J'aim' les chinois de la mère Moreau
Et j'aime à prendre un petit verr' d'absinthe.

ENSEMBLE.

<table>
<tr><td>BÉBÉ.</td><td>RIC-A-RIC.</td></tr>
<tr><td>Ah !...</td><td>Ah !...</td></tr>
<tr><td>Position cruelle,</td><td>Position cruelle,</td></tr>
<tr><td>Afficher tant de zèle</td><td>Tromper ainsi sa belle</td></tr>
<tr><td>Pour se mettr' sur le dos</td><td>Et se mettr' sur le dos</td></tr>
<tr><td>D'aussi vilains défauts.</td><td>D'aussi vilains défauts.</td></tr>
</table>

DEUXIÈME COUPLET.

RIC-A-RIC.

Quand j' vais dans l' monde ou bien dans ma famille,
Je triche au jeu, tout en f'sant un mistron.

BÉBÉ.

Quand j' vais au bal et que j' lève la ch'ville,
Je suis bien sûr' de coucher au violon.

RIC-A-RIC.

Je n' fais jamais de p'tits cadeaux aux dames !

BÉBÉ.

Moi, j' mets du rouge et d' la poudre de riz.

RIC-A-RIC.

Si j'ai d' l'argent, j' l'emprunte à mes amis !

BÉBÉ.

Moi, j' tromp' les homm's,

RIC-A-RIC.

Et moi, je bats les femmes !

REPRISE DE L'ENSEMBLE.

Position cruelle,
Etc.

BÉBÉ, à part.

Portons-lui un dernier coup. (Haut.) Et puis, ce n'est pas tout !...

RIC-A-RIC.

Comment ! ce n'est pas tout !...

BÉBÉ.

Non, car je n'ai jamais pu souffrir l'homme du monde ! le gandin ne me va pas... Ce qu'il me faut, à moi... c'est un cabot... oh !... le cabot !... mon idéal !...

RIC-A-RIC, à part.

Abîmons-nous, éreintons-nous, échinons-nous ! (Haut.) Et moi, croyez-vous donc que j'aimerais une femme de théâtre... Qué malheur !... J'en connais qui les fréquentent; j'en ai vu, à Paris !... qui aimaient ces demoiselles !... Ah ! c'est une jolie existence !... le matin, elles sortent de bonne heure pour aller au théâtre soi-disant répéter !...

BÉBÉ, à part.

C'est vrai !...

RIC-A-RIC.

Dans la journée, elles reviennent près de vous !... Est-ce pour parler d'amour ! allons donc !... elles vous racontent les potins du théâtre, elles vous associent aux querelles des camarades, elles échinent leurs auteurs et elles traitent les directeurs de Savoyards !...

BÉBÉ, à part.

C'est encore vrai !...

RIC-A-RIC.

Puis, le soir !... ah ! c'est plein de gaieté la vie qu'elle vous font mener... on les attend, en fumant un cigare, à la porte des artistes..., en compagnie de quelques autres... des rivaux, peut-être !...

BÉBÉ, à part.

Quelquefois !...

RIC-A-RIC.

On drogue pendant deux heures ! on fait le pied de grue ; mademoiselle ne vient pas, on monte timidement demander à la portière... si madame ne tardera pas à descendre.— « Ah ! bien ! nous répond-elle, il y a belle lurette qu'elle est partie !... Mais je ne l'ai pas vue ! Je le crois bien, elle est passée par le côté du bureau de la location. » Vous allez au bureau de location ! on vous répond : « Il n'y a plus de places !... » Vous courez chez vous, personne ! chez elle, personne encore ! et le lendemain, quand vous l'interpellez, elle vous réplique : « Anatole, ne m'interrogez pas !... ce n'est pas mon secret !... je ne pourrais pas vous répondre ?... »

BÉBÉ.

Oh !...

RIC-A-RIC.

Voilà ce que c'est, entendez-vous, madame? voilà ce que c'est qu'une femme de théâtre !... (Bébé pleure fortement.) Mais vous pleurez !...

BÉBÉ.

Moi !... non... si... oui... Oh ! ce n'est rien !...

RIC-A-RIC.

Mais vous avez les yeux rouges comme un Albinos ?

BÉBÉ, à part.

Renfonçons mes larmes ! (Haut). Oh ! je vais vous dire, c'est mon directeur qui, pour m'habituer aux scènes d'attendrissement, me met dans mon mouchoir, au lieu d'eau de Cologne, de l'essence d'oignon ! Je pleure, mais le cœur n'y est pour rien !

RIC-A-RIC.

Elle pleure ! mais son cœur n'y est pour rien ! (Ils pleurent ensemble sur le même mouchoir.)

BÉBÉ, à part.

Ah ! cette épreuve est trop cruelle !...

RIC-A-RIC, à part.

Je n'ai plus le courage de m'abîmer. (Haut.) Bébé !... (Il lui tend
les bras.)

BÉBÉ, de même.

Ric-à-Ric ! (Ils vont pour se jeter dans les bras l'un de l'autre ; on tire
les deux cordes.)

RIC-A-RIC.

Oh ! la ficelle !...

BÉBÉ.

Le fil de rappel !...

RIC-A-RIC.

Bébé !...

BÉBÉ.

Ric-à-Ric ! (Ils rentrent tous deux dans la coulisse.)

SCÈNE X

BARNUM, BRANDEBOURG. (Ils arrivent tous deux avec leur ficelle
et se heurtent dans le dos.)

BARNUM.

Hein ! dites donc, il était temps !

BRANDEBOURG.

Heureusement que nous avions la corde !

BARNUM.

Voyons, maintenant, parlons de nos petites affaires !

BRANDEBOURG.

C'est cela! (A part.) Fichtre !

BARNUM.

Quels appointements nous donnez-vous?

BRANDEBOURG.

Beaucoup d'égards !

BARNUM.

Oui, mais encore?

BRANDEBOURG.

Force politesses !

BARNUM.

C'est très-bien, mais l'argent !

BRANDEBOURG.

Nous vous comblerons d'amabilités et de tabatières !...

BARNUM.

Ah !

BRANDEBOURG.

En voici une, avec votre portrait !

BARNUM, à part.

Une queue de rat ! ouais... Je vais aller prendre des renseigne-
ments... sur la solvabilité de ce gros-duché... (Haut.) A tout à
l'heure, mon gros !... (Il sort.)

BRANDEBOURG, seul.

Au revoir, mon petit!... Je l'ai ébloui, fasciné ! nous aurons
spectacle à la cour ! Quant aux spectateurs, j'en ai retenu à grand'
peine, qui prenaient leurs passe-ports. Je les ai alléchés par l'appât
d'une vaste choucroûte ; ils m'ont promis de venir !

SCÈNE XI

BRANDEBOURG, VILHELMINE, RIC-A-RIC,
PERSONNAGES DE LA COUR.

VILHELMINE, entrant et appelant.

Brandebourg! le monde se presse dans le château, préparons notre jardin d'hiver. Allons, Ric-à-Ric! vous, Brandebourg!

BRANDEBOURG.

Voilà précisément deux pots de réséda !

RIC-A-RIC.

Et moi, voilà mes deux pieds d'alouette! (Ils apportent chacun deux petits pots de verdure qu'ils placent de chaque côté de la scène en avant.)

VILHELMINE.

C'est cela! au lieu d'un jardin d'hiver, nous aurons un palais d'été!...

BRANDEBOURG.

A propos... et les rafraîchissements pour les invités!

VILHELMINE.

On ouvrira les fenêtres, et puis je compte sur la tragédie pour jeter du frais dans la salle. On vient!... en place!... (Ric-à-Ric lui prend la main et lui fait faire deux tours sur elle-même; après elle se place : Ric-à-Ric à sa gauche, et Brandebourg derrière eux, au milieu, sur un siége plus élevé. — Entrée des sujets, qui viennent saluer Vilhelmine et se retournent pour saluer Barnum du côté opposé. Pendant cette présentation l'orchestre joue la marche du *Tannhauser*.

VILHELMINE, à Ric-à-Ric.

Quel est cet air que l'on vient de nous jouer?

RIC-A-RIC.

Ça m'a l'air, ma mère, d'être un air du *Tannhauser*, de Wagner !...

VILHELMINE.

Qui ça? Wagner, mon ancien horloger !

RIC-A-RIC.

Lui-même !

VILHELMINE.

Il a bien tort de quitter les pendules pour la musique !

BRANDEBOURG.

Pourtant, cette marche est jolie !

VILHELMINE.

Puisqu'elle est si jolie !... au lieu d'une marche, j'aurais fait un escalier !... (Tout le monde rit.)

RIC-A-RIC.

C'est juste !... il se serait élevé par degrés jusqu'à la rampe... (Nouveaux rires.)

SCÈNE XII

LES MÊMES, puis BÉBÉ-ACTRICE.

VILHELMINE.

Eh bien! Barnum, et votre pensionnaire?

BARNUM, allant vers elle au fond.

La voici qui s'avance. (Il la présente.)

RIC-A-RIC, à part.

Encore elle ! que je souffre, mon Dieu !

BÉBÉ, entrant le casque en tête et une lance à la main.

Me voilà !...

VILHELMINE, à son fils.

Elle est fort bien, n'est-ce pas?

RIC-A-RIC.

Oh ! oui, elle a du chic !...

VILHELMINE, à Bébé.

Commencez !...

BÉBÉ.

Je vais vous réciter une scène de tragédie, d'un nommé Boufflers !...

BARNUM, à part.

Boufflers... comme elle gaze !...

BÉBÉ.

Les adieux de la plus belle... d'Orléans.

I

Adieu, murs, adieu les murmures
De l'eau qui fuit dans les sentiers,
Adieu, surtout, les mûres mûres
Que je mangeais dans les mûriers.

II

Adieu, je m'en vais comme un Basque
De l'honneur suivre le sillon,
Et, si de Mangin j'ai le casque,
Je suis brave comme un Crillon.

BRANDEBOURG.

Cryon... Mangin !...

III

Adieu, mon âme, et toi, ma poule,
Toi, que dans un œuf je trouvai,
Toi, qui semblais dire à la foule :
Je l'ai pondu, je l'ai *gouvé !*

RIC-A-RIC.

Qu'elle est magistrale !

VILHELMINE, elle se retire une boucle d'oreille qu'elle donne à Bébé.

Architecturale !...

TOUT LE MONDE.

Bravo ! bravo !

BARNUM, à part regardant le bijou.

C'est du maillechort !

VILHELMINE.

Maintenant, petite, j'espère que vous allez nous dire encore quelque chose !

BÉBÉ.

Volontiers, car j'ai beaucoup de talent! je suis tout simplement
sublime !

VILHELMINE.

Et modeste !...

BÉBÉ.

Je suis sublime et modeste en même temps !

RIC-A-RIC.

Elle est panachée !...

BARNUM.

Ne vous époumonez pas trop, il n'y a pas le sou dans la mai-
son !

BÉBÉ.

Ça m'est égal ! l'art, l'art avant tout ! ô l'art, la majesté de l'art ! la sainteté de l'art ! le sacerdoce de l'art ! l'art ! l'art !

VILHELMINE.

Remarquez, cabotine, que nous pourrions presque vous attendre !

BÉBÉ.

M'y voilà, je vais vous jouer un épisode de la *Closerie des Lilas*. Voici la chose, une jeune sauteuse du quartier Latin nommée Juliette la Narbonnaise, a pour amant un nommé Ernest, qu'on a surnommé Roméo, à cause de Juliette d'abord, puis à raison de son amour pour le grog, moitié *rhum et eau.*

TOUT LE MONDE.

Charmant ! charmant !

RIC-A-RIC.

Qu'elle est magistrale !

BÉBÉ.

Avant de partir pour les vacances, Roméo lui jure de revenir... « Tu ne reviendras pas. — Si. — Non. — Si. — Eh bien ! dit Juliette, si par hasard, tu ne me trouvais pas à la Closerie des Lilas ! c'est que je serais au Jardin Mabille, ou au Palais des Fleurs, à moins que, de désespoir, je ne sois descendue au tombeau... »

VILHELMINE.

Cette pièce est d'une gaieté folle.

BÉBÉ.

« Et dans ce cas-là, ajoute Juliette, si tu reviens encore à temps, quoiqu'il soit trop tard, tu n'auras qu'à courir au mausolée de ton amante... Tu lui chanteras sa romance favorite, et elle renaîtra instantanément ! »

VILHELMINE, à Ric-à-Ric.

L'idée de cette pièce est d'une fraîcheur.

BÉBÉ.

Je vais donc vous jouer la scène du tombeau !

BARNUM.

Oui, mais où y a-t-il nn tombeau ? (A Vilhelmine.) Vous n'auriez
pas un tombeau !...

VILHELMINE.

Un tombeau ? non, nous n'en tenons pas, prenez ce banc...

BARNUM.

Ils n'ont pas de tombeau ! Quelle baraque. (On approche un banc à
Bébé.)

BARNUM,

Mais !... qui va faire Roméo ?...

BÉBÉ.

Tiens ! c'est vrai ! je n'y pensais pas !

VILHELMINE.

N'est-ce que cela ! j'ai votre affaire ! Mon fils Ric-à-Ric sait le
rôle !...

RIC-A-RIC.

Moi ! ma mère !

VILHELMINE, l'interrompant.

Duc !... un prince bien élevé doit savoir son répertoire... Allons,
exécutez-vous !...

RIC-A-RIC.

Soit !...

BÉBÉ, à part.

Je tremble ! mais du courage ! (A Ric-a-Ric..) Je vais me mettre
dans le tombeau, et vous allez venir me rappeler à la vie !... (Elle
s'y couche, aidée de Barnum.)

RIC-A-RIC.

Je sors ! pour faire ma rentrée !... (Il va au fond.)

BÉBÉ.

Coucou ! m'y voilà !...

RIC-A-RIC, il revient.

Allons-y !... (Après un temps.) C'est ici qu'elle repose ! Elle a fini la contredanse de la vie !... Elle est partie de la Closerie des Lilas, abandonnant son parapluie au bureau des cannes, et ses illusions à la portière. O Juliette... Juliette !... tu me laisses seul, moi, ton Roméo, ton vis-à-vis, tu m'as condamné à un éternel cavalier seul... Eh bien, non !... je te suivrai ! J'ai là... dans ma poche... un petit flacon... c'est de la poison !... (Il boit.) Là, maintenant, je veux accomplir ton dernier vœu... C'est une bêtise, ça n'avance à rien, mais tu l'as désiré !... Allons-y !... de sa romance favorite !... (Il va près de sa tête, et, comme s'il tournait un orgue de Barbarie, il chante un air, peu à peu Bébé se réveille.)

BÉBÉ, d'une voix faible.

Non, non, laisse-moi dormir !...

RIC-A-RIC.

Elle a parlé... continuons !... (Il chante.)

BÉBÉ.

Où suis-je ?...

RIC-A-RIC.

Elle revient à elle !... (Il s'approche.)

BÉBÉ, impatientée.

Mais sapristi, où suis-je donc !

RIC-A-RIC.

Dans mes bras !... Juliette !...

BÉBÉ, d'un ton naturel.

Tiens ! c'est toi, ça va bien... merci, je m'ennuie ici... Emmène-moi !... (Elle se lève.)

RIC-A-RIC.

Je ne demande pas mieux !... Ciel !...

BÉBÉ.

Quoi donc ?...

RIC-A-RIC.

Je sens que mon cœur se barbouille !... Je me.trouve mal !...

BÉBÉ.

Il sé trouve mal !... As-tu besoin de prendre quelque chose ?...

RIC-A-RIC.

Non... Je crois que j'en ai trop pris, ça me, ça m'... brûle !...
ça m'... Ah !... (Il tombe sur le dos.) .

BÉBÉ, se jettant sur lui.

Lui ! quoi !.., non ! si !... Ah !... c'est impossible. (Elle le se-
coue.) Roméo !... (Elle le laisse retomber lourdement.) Insensible !...
Ah ! respire-t il encore ! Roméo !... (Roméo se retourne, et ils se trou-
vent tous deux à genoux.)

RIC-A-RIC, à demi-voix.

Il ne s'agit pas de tout ça !... Je profite de la situation pour vous
dire que je vous aime, et que je compte sur la réciproque !...

BÉBÉ, même jeu.

Mais ça n'est pas dans la pièce !...

RIC-A-RIC.

M'est égal ! je t'aime, je t'aime, je t'aime !...

BÉBÉ.

Ah bah ! moi aussi, je t'aime, je t'aime, je t'aime !.. (Ils se rou-
lent tous deux la tête basse, et parlent charabia.)

RIC-A-RIC, à Bébé.

Continuons notre scène et cachons notre jeu à cause de ma
mère !...

BÉBÉ, à Ric-à-Ric.

Ça y est ! (Haut et reprenant son rôle.) Ah ! il revient à lui !... Roméo ! reviens à toi !... (Ils se relèvent.)

RIC-A-RIC.

Ah ! je me sens mieux, tiens, je me sens bien ! Oh ! mais très-bien !... (Il la prend dans ses bras.) Viens ! ma Juliette, je t'ai retrouvée, tu m'as rattrappé, nous nous sommes repincés, ne nous quittons plus !...

BÉBÉ.

C'est cela !...

RIC-A-RIC.

A nous les folles nuits, les bals, les soupers. Allons-nous mener une vie un peu joyeuse !... Pour commencer, ce soir... au spectacle !...

BÉBÉ.

Oui !... nous irons au spectacle, boulevard Montmartre... voir mademoiselle Alphonsine, mon actrice de prédilection... et je m'écrierai !... comme elle !...

> Quand on est pensionnaire honnête,
> On s' couch' de bonne heur' tous les soirs,
> Et le jour on fait la dînette
> Avec des petits pruneaux noirs !...

(Parlé.)

Ah !...

RIC-A-RIC, il imite un acteur.

Bien joué... mon enfant !...

BÉBÉ, elle imite madame Boisgontier.

Et puis après ça, nous irons voir la Bois... Tu comprends, ma biche !... je me suis fâchée avec mon directeur, moi qui ai l'instinct des bonnes manières... Tu comprends ! je lui ai dit z'ut ! et je te vous l'ai lâché comme un paquet !... tu comprends ! (Elle imite Lassagne.) Et que je suis diamétralement et littéralement de votre avis... oh mon dieur-je !...

RIC-A-RIC, imitant Samson.

Continuez, mon enfant !... vous êtes dans la bonne voie !... On s'aperçoit tout de suite que vous sortez du Conservatoire, ce palla-dium des bonnes et saines traditions !...

BÉBÉ.

C'est cela !...

RIC-A-RIC.

Et pour couronner l'œuvre ! à la Closerie des Lilas !

CHOEUR.

AIR *de la Piémontaise.*

Et vite, en danse, allons-y gaîment,
Vite, vite, en danse,
Car, le plaisir, compagnon bruyant,
Là-bas nous attend

VILHELMINE.

On danse, je veux en être ! (Elle danse.)

RIC-A-RIC, à sa mère.

Ma mère ! j'ai un aveu à vous faire !... J'aime cette femme, et je veux l'épouser !... (Il danse.)

VILHELMINE, même jeu.

Y pensez-vous ! avec votre rang, votre position !

RIC-A-RIC, même jeu.

Eh ! ma mère !... vous savez bien que je ne possède pas un radis, je suis un prince en chambre !... et si vous ne voulez pas que je l'épouse !... eh bien ! je me ferai comédien !... je jouerai les jeunes premiers...

VILHELMINE.

Ah ! c'est comme ça ! eh bien ! mon fils, je ne vous quitte plus ! et puisque tu aimes Bébé, que tu aimes l'art et Bébé, et bien moi, j'aimerai Bébé, j'aimerai l'art, je t'aimerai ! Je suis noble ! je suis mère ! eh bien ! je jouerai les mères nobles !...

TOUS.

Ah !...

BRANDEBOURG.

Moi, je jouerai les financiers, j'ai tenu la caisse du gouvernement !

BARNUM.

Bravo ! je vous engage tous !...

RIC-A-RIC, à sa mère.

Eh bien ! et notre gros-duché ! que ferons-nous de notre palais !

VILHELMINE.

Nous mettrons un écriteau : à louer, pour cause de départ.

BARNUM, et tous.

En route !... (Reprise du chœur.)

RIC-A-RIC, présentant Bébé au public.

Mon enfant, conservez les bonnes traditions !

AIR *de mademoiselle Garcin.*

BÉBÉ, au public.

La parodie est toujours téméraire,
Et, cependant, je réclame en tremblant.
Pardonnez-moi, dans cette œuvre légère,
Si j'imitai l'artiste de talent !
Faites deux parts en cette circonstance,
Et nos destins seront encore fort beaux :
Réservez-nous, messieurs, votre indulgence,
Ristori seule a droit à vos bravos.

FIN.

Paris. — Imp. de la Librairie Nouvelle, A. Bourdilliat, 15, rue Bréda.

NOUVELLE BIBLIOTHÈQUE THÉATRALE

Choix de Pièces nouvelles, format in-12

GEORGE-SAND

Maitre Favilla, drame, 3 actes. 1 50
Lucie, comédie en un acte.... 1 »
Comme il vous plaira, comédie en
trois actes. 1 50
Françoise, comédie en quatre actes 2 »

MADAME ÉMILE DE GIRARDIN

L'Ecole des Journalistes, 5 actes. 1 »
Judith, tragédie en trois actes. . . 1 »

ÉMILE DE GIRARDIN

La Fille du Millionnaire, 5 actes 2 »

L. LURINE ET R. DESLANDES

L'Amant aux bouquets, com. 1 acte » 50
Les Femmes peintes par elles-
mêmes, comédie en un acte . . . » 50
Le Camp des Révoltées, un acte . » 50

MADAME ROGER DE BEAUVOIR

Le Coin du feu, comédie en un acte. » 50

A. MONNIER ET ED. MARTIN

Madame d'Ormessan, s'il vous plait?
com. en un acte mêlée de couplets » 50
Le Monsieur en question, comédie
en un acte, mêlée de couplets . . » 50

JULES LECOMTE

Le Luxe, comédie, 3 actes . . . . . 2 »
Le Collier, comédie en un acte . . » 50

CLAIRVILLE, LUBIZE ET SIRAUDIN

La Bourse au village, un acte. . » 50

H. MONNIER ET J. RENOULT

Peintres et Bourgeois, comédie en
trois actes et en vers. 1 50

ADRIEN DECOURCELLE

Les Amours forcés, en trois actes. 1 »

MÉRY

Maitre Wolfram, opéra-comique en
un acte, musique de M. Reyer » 50

LÉON GUILLARD

Le Mariage a l'arquebuse, comédie
en un acte. . . . . 1 »

LÉON GUILLARD ET ACHILLE BÉZIER

La Statuette d'un grand homme,
comédie en un acte. . . . . . . 1 »

L. BEAUVALLET ET A. DE JALLAIS

Le Guetteur de nuit, opérette-
bouffe en un acte. . . . . » 50

MICHEL DELAPORTE

Toinette et son Carabinier . . . » 50

L. GUILLARD ET A. DESVIGNES

Le Médecin de l'ame, dr. 5 actes. 1 »

ANGE DE KERANIOU

Noblesse oblige, com. en 5 actes. 2 »

SIRAUDIN, St-YVES ET V. BERNARD

Un bal sur la tête, vaud. un acte. » 60

LAMBERT THIBOUST ET A. SCHOLL

Rosalinde, ou Ne jouez pas avec l'amour,
comédie en un acte. . . . . 1 »

A. DECOURCELLE, H. DE LACRETELLE

Fais ce que dois, drame, 3 actes. 1 »

HECTOR CRÉMIEUX

Le Financier et le Savetier,
opérette-bouffe en un acte. . . . » 50
Orphée aux enfers, opéra-bouffon
en 4 actes et 8 tableaux.... .... » 75

DECOURCELLE ET L. THIBOUST

Un tyran domestique, vaud. un acte » 50

LAURENCIN ET LUBIZE

Obliger est si doux!... comédie mêlée de couplets en un acte. . . . » 50

ARNOULD FREMY

La Réclame, comédie en cinq actes. 1 »

LUBIZE ET HERMANT

Le Secret de ma Femme, vaud. 1 acte » 50

LABICHE ET DELACOUR

En avant les Chinois, revue de 1858 1 »

LABICHE ET LEFRANC

L'avocat d'un Grec, com. un acte 50 »

CHOLER, LAPOINTE ET COLLIOT

Les deux Maniaques, com.-vaud.. » 50

H. CRIVOT ET A. DURU

Bloqué!... vaudeville en un acte... » 50
Les splendeurs de Fil d'Acier,
pièce en 5 actes et un prologue.. 1 »

E. LABICHE ET ED. MARTIN

L'Amour, un fort volume, prix: 3,50,
parodie mêlée de couplets en un acte 1 »

RAYMOND DESLANDES ET E. MOREAU

Un truc de mari, vaud. un acte. » 60

MARC MICHEL ET SIRAUDIN

Les suites d'un bal manqué, folie-
vaudeville en un acte.......... » 60

AMÉDÉE ACHARD

Le Jeu de Sylvia, com un acte.. » 60

AUGUSTE VACQUERIE

Souvent Homme varie, com. 2 act. 1 50

MARIO UCHARD

La seconde Jeunesse, com. 4 actes 2 »

SIRAUDIN ET AD. CHOLER

Amoureux de la Bourgeoise, vaud.
en un acte..................... » 60

A. BOURDOIS ET A. LAPOINTE

Les Dames de Cœur-Volant, opéra-
bouffe en un acte.............. » 60

RENÉ DE ROVIGO

Un Soufflet anonyme, com. 1 acte. » 60

LE COMTE SOLLOHUB

Une preuve d'Amitié, com. 3 actes. 1 50

Paris. — Imp. DE LA LIBRAIRIE NOUVELLE, A. Bourdilliat, 15, rue Breda.